위대한 경제학자 9인이 들려주는
만화 경제학 강의

조립식, 조윤형 지음

만화 경제학 강의
Economics in Cartoons

초판 1쇄 발행 · 2013년 1월 2일
초판 7쇄 발행 · 2016년 4월 11일
개정판 1쇄 발행 · 2018년 12월 28일
개정판 5쇄 발행 · 2022년 10월 7일
개정2판 1쇄 발행 · 2025년 7월 25일

지은이 · 조립식, 조윤형
발행인 · 이종원
발행처 · (주)도서출판 길벗
출판사 등록일 · 1990년 12월 24일
주소 · 서울시 마포구 월드컵로 10길 56(서교동)
대표 전화 · 02)332-0931 | **팩스** · 02)323-0586
홈페이지 · www.gilbut.co.kr | **이메일** · gilbut@gilbut.co.kr

책임 편집 · 이재인(jlee@gilbut.co.kr) | **디자인** · 박상희 | **제작** · 이준호, 손일순, 이진혁
마케팅 · 정경원, 김진영, 류효정 | **영업관리** · 김명자, 심선숙, 정경화 | **독자지원** · 윤정아

편집진행 · 정은아 | **전산편집** · 김정미
인쇄 · 금강인쇄 | **제본** · 경문제책

- 이 책은 저작권법의 보호를 받는 저작물로 이 책에 실린 모든 내용, 디자인, 이미지, 편집 구성은 허락 없이 복제하거나 다른 매체에 옮겨 실을 수 없습니다.
- 인공지능(AI) 기술 또는 시스템을 훈련하기 위해 이 책의 전체 내용은 물론 일부 문장도 사용하는 것을 금지합니다.
- 잘못 만든 책은 구입한 서점에서 바꿔 드립니다.

© 조립식, 조윤형, 2025

ISBN 979-11-407-1490-2 03320
(길벗도서번호 070532)

가격 18,000원

독자의 1초를 아껴주는 정성 길벗출판사

(주)도서출판 길벗 | IT단행본&교재, 성인어학, 교과서, 수험서, 경제경영, 교양, 자녀교육, 취미실용   www.gilbut.co.kr
길벗스쿨 | 국어학습, 수학학습, 주니어어학, 어린이단행본, 학습단행본   www.gilbutschool.co.kr

먼저 읽어본 베타테스터들이 추천합니다

깊이 있는 내용을 쉽고 재미있게! 3박자를 고루 갖춘 책

어려운 경제 필독서와 경제사를 한데 묶어 속시원히 풀어냈습니다. 쉽다는 경제책들이 수박 겉핥기식에 그치는 경우가 많은데, 이 책은 '깊이 있는 내용을 쉽고, 재미있게'라는 3박자를 고루 갖추었습니다. 덤으로, 고리타분한 줄만 알았던 경제학자들의 흥미진진한 에피소드와 치열한 공방전도 볼 수 있어요~
신하은(23, 대학생)

아는 척, 있는 척하지 않는 경제책

유명한 경제책이야 많죠. 그런데 정작 사놓고 끝까지 읽을 수 있는 책은 거의 없다는 게 문제죠ㅠ.ㅠ 어렵고 딱딱할 수밖에 없는 경제학의 내용을 아는 척, 있는 척하지 않고 쉽게 풀어쓴 점이 가장 마음에 듭니다.
최창희(32, 회사원)

고전경제 이론과 현대의 경제 상황을 결합시키니 이해가 쏙쏙!

맨큐가 누구인지도 모르는, 경제 기초체력이 저질인 나 같은 사람들한테는 고전경제 이론과 복잡한 현대의 경제 상황을 결합시켜 만화로 풀어쓴 이 책이 딱입니다! 고등학교 경제과목을 선택하고 공부를 시작할 때 이 책이 있었다면 얼마나 좋았을까요?
안아람(25, 대학원생)

만화로 경제, 정치, 윤리, 사회, 역사를 한 권에 통섭!

요즘 통섭이니 융합이니 하는 말들이 이슈가 되고 있죠. 그런데 이 책이야말로 경제, 정치, 윤리, 사회, 역사 각각을 구분짓지 않고 연계하면서 기초를 한번에 훑을 수 있도록 했네요! 이 책을 읽고 나면 경제 대화에서 당당해질 수 있겠습니다~
정철승(38, 자영업)

역사 속 경제학자들의 사상을 만화로 만나다!

우리의 일상생활은 여러 가지 경제 현안, 그리고 경제정책들과 밀접하게 연관되어 있습니다. 우리가 일상에서 직면하는 경제 현안과 정책 이슈 중 상당 부분은 지난 200여 년간 경제학자들 사이에서 활발히 논의되어온 문제들입니다.

이 책은 그러한 이슈들과 직간접적으로 관련 있는 경제학의 핵심적인 논점 또는 아이디어를 위대한 경제학자들의 말과 생각을 통해 쉽게 이해할 수 있도록 만화로 엮어냈습니다.

독자들은 이 책을 통해 경제학의 아버지 애덤 스미스의 《국부론》을 시작으로 마르크스, 케인스, 프리드먼에 이르기까지 근대 경제학이 걸어온 길과 최근 주류 경제학의 주요 논점까지 흥미롭게 접할 수 있을 것으로 기대합니다.

경제학의 발전은 근대 이후 인류 문명사에 크고 작은 기여를 해왔습니다. 경제학을 처음 공부하는 이들, 특히 경제학이 어렵고 딱딱하다고 느끼는 이들에게 경제학의 역사에 대한 쉽고 친절한 안내서로 이 책을 추천하는 바입니다.

서울대학교 경제학과 교수 김재영

등장인물 소개

이 책의 등장인물을 소개합니다!

엉뚱하고 흥분도 잘하지만 경제를 알고자 하는 열의만은 가득한 익호 군~ 《만화 경제 상식사전》으로 경제상식이 충만해진지라 아는 게 나오면 바로 잘난 척 모드로! 하지만 아직 갈 길이 멉니다. 익호 군과 함께 더 재밌는 경제학 여행 고고씽~

익호

《만화 경제 상식사전》에 이어 이 책에서도 엉뚱발랄한 매력으로 존재감을 어필하는 골디락스 양. 어딘가 허술하고 경제에도 무지하지만, 가끔 무학의 통찰력을 발휘하며 경제학자들과 익호 군을 놀라게 합니다. 함정은 그게 아주아주 가끔이라는 거~

골디락스

똑똑하고 야무지고, 경제에 대해 모르는 것이 없는 개념 충만 고양이예요. 이 책에서는 위대한 경제학자들을 하나하나 소환하는 능력까지 탑재! 깐돌이와 함께 시간여행을 하며 위대한 경제학자들을 만나 궁금한 것을 속시원히 풀어봅시다~

깐돌이

경제학자 소개

위대한 경제학자들을 소개합니다!

애덤 스미스

'보이지 않는 손'으로 유명한 영국의 고전파 경제학자입니다. 도덕철학의 테두리에 있던 경제학을 독립된 학문으로 세운 장본인이라고 할 수 있어요. 14살에 대학에 들어간 천재이지만, 집시들에게 납치됐다 쓸모없어 보여 풀려났다는 이야기가 전해지네요~

#경제학의아버지 #국부론 #보이지않는손 #글래스고대학 #고전파 #공부가제일쉬웠어요

토머스 맬서스

폭발적인 인구증가로 식량이 부족해져 많은 사람이 비참하게 죽을 거라는 《인구론》을 발표해서, 산업혁명으로 들뜬 분위기에 찬물을 끼얹은 경제학자예요. 종말왕, 냉혈한으로 비난받았지만, 사실은 누구보다 빈민들의 미래를 걱정한 경제학자랍니다.

#인구론 #종말론자 #오해의아이콘 #유토피아는없어! #어쩌다보니애가셋 #내친구리카도

데이비드 리카도

비교우위를 내세우며 자유무역을 주장한 영국의 경제학자입니다. 재테크에도 밝아서 케인스와 함께 갑부 경제학자로 꼽히지요. 애덤 스미스가 기틀을 세운 고전경제학을 완성한 장본인으로 평가받습니다. 살아생전 친하게 지낸 맬서스에게 막대한 유산을 남겼다고 해요~

#갑부 #가방끈짧은경제학자 #비교우위 #지대이론 #자유무역최고! #내친구맬서스 #이런친구어디없나?

자본주의가 망할 수밖에 없는 이유를 설명한 《자본론》과 《공산당 선언》 때문에 우리나라에서는 오랫동안 언급하기 힘들었던 독일의 철학자이자 경제학자입니다. 다른 경제학자들과 달리, 마르크스는 노동자들 편에서 경제적 처방을 제시했다는 점에서 귀감이 됩니다.

#자본론 #공산당선언 #만국의프롤레타리아 #유물론 #빨간책
#난부르주아가싫어요!

카를 마르크스

수요공급의 법칙, 한계효용, 생산비용의 가치 등등 시험에 꼭 나오는 경제이론을 만들어 많은 학생들에게 원성(?)을 듣는 경제학자입니다. 당대에 큰 영향을 미친 베스트셀러 《경제학 원론》을 썼지만, 훗날 제자인 케인스에게 현실에 도움 안되는 온실 속 이론이라고 반박당했지요.

#한계효용 #수요공급곡선 #케인스내제자!근데나한테왜그래
#시험에꼭나와 #베스트셀러작가

앨프리드 마셜

미국의 사회학자이자 경제학자입니다. 이민 2세에 괴짜 같은 행동으로 경제학계에서 배척당했어요. 덕분에 주류와 전혀 다른 시각에서 부유층의 과시적 소비 욕망과 약육강식의 소비자본주의를 설명할 수 있었죠. 안타깝게도 베블런은 평생 가난하게 살았습니다.

#괴짜 #아웃사이더 #개천에서용났다 #과시적소비 #유한계급론
#베블런효과 #졸부싫어!

소스타인 베블런

경제학자 소개

존 메이너드 케인스

천재, 부자, 20세기 최고 경제학자라는 명성! 전부 다 가진 영국의 엄친아 경제학자입니다. 자본주의에는 자유방임이 답이 아니라 정부가 적절히 개입해서 공공지출을 해야 한다고 주장했어요. 부자증세, 실업수당 등 복지정책을 설계한 사람도 바로 케인스랍니다~

#갑부2 #대공황 #정부개입 #내말안들어2차세계대전발발
#거시경제학 #님좀짱인듯!

밀턴 프리드먼

프리드먼은 케인스와 정반대되는 인물입니다. 개입은커녕 정부는 작을수록 좋다고 주장했고, 시장은 내버려두어야 잘 굴러간다고 했어요. 애덤 스미스의 고전파 경제학을 다시 소환한 신자유주의 경제학자입니다. "공짜 점심은 없다", "샤워실의 바보" 같은 명언도 남겼답니다.

#통화주의의수장 #작은정부 #자유방임주의짱 #케인스비켜! #양적완화
#노벨경제학상 #신자유주의

토마 피케티

프랑스의 경제학자로, "자본주의는 방치하면 불평등을 심화시킨다"는 주장을 데이터로 증명하며 세계적 주목을 받았습니다. 저서 《21세기 자본》은 자산이 소득보다 빠르게 늘어나면 빈부격차가 커진다는 "r〉g" 공식을 통해 큰 반향을 일으켰어요. 피케티는 이를 해결하려면 부유층에 대한 누진적 자산세가 필요하다고 말합니다.

#21세기자본 #불평등연구의선두주자 #r〉g #프랑스형_세계정복중
#자산세 #피케티신드롬 #데이터는거짓말안해

차례

첫째마당 — 애덤 스미스

- **001** 말 그대로 경제학의 아버지! 애덤 스미스 ······ 16
- **002** 금이 많다고 부자가 아닐세! 중상주의의 한계 ······ 27
- **003** 올리버 트위스트가 고발하는 산업혁명의 명암 ······ 31
- **004** 그런데 현실은 왜 시궁창일까? ······ 37

둘째마당 — 토머스 맬서스

- **005** 어쩌면 엄청난 경제 예언가, 맬서스! ······ 46
- **006** 18세기의 인구론, 21세기에도 유효하다 ······ 56
- **007** 세계인구 80억! 그럼 우리 지구는? ······ 62
- **008** 인구 재앙이 환경 재앙으로 돌아오다! 환경경제학 ······ 67

셋째마당 — 데이비드 리카도

- **009** 자유무역의 화신, 리카도 ······ 74
- **010** 예나 지금이나 부동산이 문제야! 지대이론 ······ 84
- **011** 자유무역, 비교우위의 덫에 빠지다 ······ 89

차례

넷째마당 카를 마르크스

- **012** 전 세계 노동자여, 단결하라! 마르크스 …………… 98
- **013** 노동자를 경제학의 중심에 세우다 …………… 111
- **014** 마르크스의 실험은 왜 실패했을까? 공산국가의 흥망성쇠 …………… 117

다섯째마당 앨프리드 마셜

- **015** 마셜, 수요와 공급의 곡선을 만들다! …………… 126
- **016** 공짜로 줘도 남는 경제학, 프리코노믹스 …………… 140
- **017** 가격탄력성과 쿠폰의 밀월관계 …………… 144

여섯째마당 소스타인 베블런

- **018** 너무 앞서간 불운의 경제학자, 베블런 …………… 150
- **019** 과시적 소비, 내 돈 내가 쓰는데 뭐가 문제? …………… 162
- **020** 대세에 편승하고픈 인간의 마음, 밴드왜건효과 …………… 166

일곱째마당 존 메이너드 케인스

- **021** 대공황의 흑기사, 케인스 ·················· 174
- **022** 살 떨리는 호황과 불황의 반복, 경기변동! ·················· 191
- **023** 정부가 나서야 하는 이유, 가격의 경직성 ·················· 198

여덟째마당 밀턴 프리드먼

- **024** 정부개입은 이제 그만! 프리드먼 ·················· 206
- **025** 왜 물건값은 계속 오르기만 할까? 인플레이션 ·················· 217
- **026** 힘을 잃은 통화정책, 유동성 함정 ·················· 222

아홉째마당 토마 피케티

- **027** 토마 피케티가 말하는 자본주의의 모순, r〉g ·················· 232
- **028** 21세기에 계급이 대물림된다고? ·················· 238
- **029** 자본주의의 모순, 세금으로 해결할 수 있다?! 부의 재분배 ·················· 242

THE ECONOMICS IN CARTOONS

죽은 경제학자를 소환하라!

프롤로그

 산업혁명

 미국독립전쟁

 프랑스혁명

 아편전쟁

 병인양요

 청일전쟁

 1차세계대전

 볼셰비키혁명

 세계대공황

 2차세계대전

 대한민국 독립

 독일 통일

 미국 서브프라임 모기지 사태

 브렉시트

 트럼프 재선

1776
애덤 스미스
국부론

THE ECONOMICS IN CARTOONS

첫째 마당

ADAM SMITH
애덤 스미스

001 말 그대로 경제학의 아버지! 애덤 스미스
002 금이 많다고 부자가 아닐세! 중상주의의 한계
003 올리버 트위스트가 고발하는 산업혁명의 명암
004 그런데 현실은 왜 시궁창일까?

THE ECONOMICS IN CARTOONS

말 그대로 경제학의 아버지!
애덤 스미스

001

후세 사람들은 나를 '경제학의 아버지'라고 부르더군.
왜 그렇게 부르는지 궁금하지?

THE ECONOMICS IN CARTOONS

금이 많다고 부자가 아닐세!
중상주의의 한계

국부론 이전의 경제이론으로 중상주의가 있는데, 별로 마음에 들지는 않았어. 근데 요즘도 돈을 최고로 아는 사람들이 있다면서?

002

THE ECONOMICS IN CARTOONS

올리버 트위스트가 고발하는 산업혁명의 명암

003

기계의 발명과 사용은 노동분업과 함께 사람들의 생활을 근본적으로 바꾸어놓았지. 그 와중에 가련한 사람들이 있었던 것 같기도 하고….

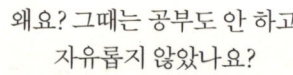

THE ECONOMICS IN CARTOONS

그런데 현실은
왜 시궁창일까?

004

하지만 내가 태동시킨 자유방임시장이 만병통치약은 아니었어.
그 이유를 알아보자.

★ 독점은 오직 하나의 기업만이 상품이나 서비스를 제공하는 시장이고, 과점은 몇몇 기업이 상품시장의 대부분을 지배하는 상태

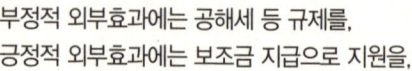

- 산업혁명
- 미국독립전쟁
- 프랑스혁명
- 아편전쟁
- 병인양요
- 청일전쟁
- 1차세계대전
- 볼셰비키혁명
- 세계대공황
- 2차세계대전
- 대한민국 독립
- 독일 통일
- 미국 서브프라임 모기지 사태
- 브렉시트
- 트럼프 재선

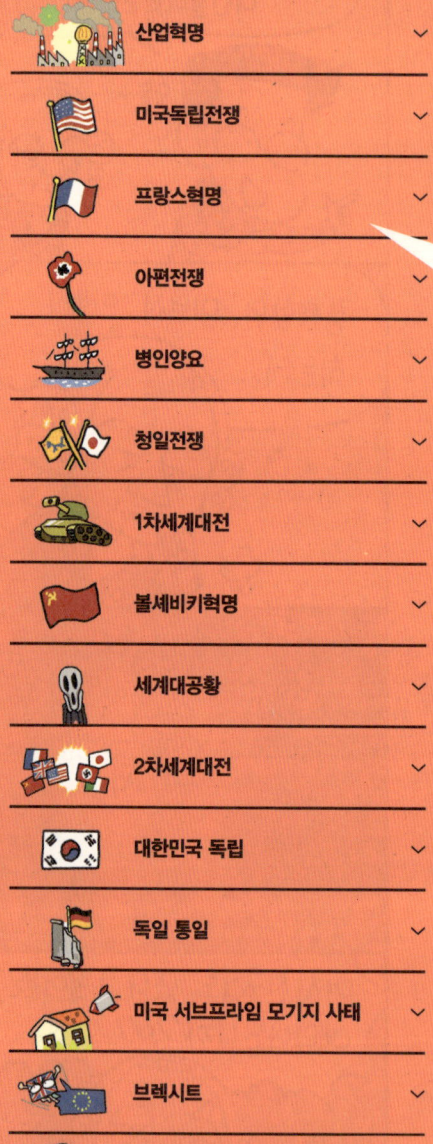

1798
토머스 맬서스
인구론

THE ECONOMICS IN CARTOONS

둘째 마당

THOMAS MALTHUS
토머스 맬서스

- **005** 어쩌면 엄청난 경제 예언가, 맬서스!
- **006** 18세기의 인구론, 21세기에도 유효하다
- **007** 세계인구 80억! 그럼 우리 지구는?
- **008** 인구 재앙이 환경 재앙으로 돌아오다! 환경경제학

THE ECONOMICS IN CARTOONS

어쩌면 엄청난 경제 예언가, 맬서스!

005

맬서스적인 세계관이라고 들어봤나?
누군가는 경제학을 '우울한 과학'이라고 칭했다는데, 내 탓이 크다네.

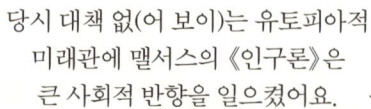

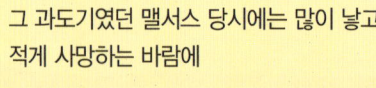

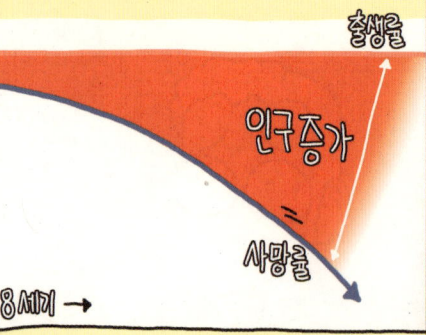

THE ECONOMICS IN CARTOONS

18세기의 인구론, 21세기에도 유효하다

006

인구증가에 따른 파국을 주장한 나의 이론은 수많은 논쟁을 불러일으키고 여러 사람에게 영향을 주었지. 나는 많은 비난을 받았어. 내 뜻은 그게 아니었는데….

THE ECONOMICS IN CARTOONS

세계인구 80억! 그럼 우리 지구는?

007

인구가 80억 명까지 늘어나다니, 믿을 수가 없군.
뭔가 사달이 나지 않겠어?

THE ECONOMICS IN CARTOONS

인구 재앙이 환경 재앙으로 돌아오다! 환경경제학

008

기후변화 문제야말로 내 이론의 현대판 아니겠어?
요즘 경제학자들은 이것도 시장을 통해 해결할 수 있다고 하던데?

★ 외부효과 : 경제활동과 관련해 타인에게 혜택이나 손해를 주면서도 대가를 받거나 비용을 지불하지 않는 것

★ 환경경제학: 경제활동과 환경의 관계를 연구 대상으로 하는 경제학

- 산업혁명
- 미국독립전쟁
- 프랑스혁명
- 아편전쟁
- 병인양요
- 청일전쟁
- 1차세계대전
- 볼셰비키혁명
- 세계대공황
- 2차세계대전
- 대한민국 독립
- 독일 통일
- 미국 서브프라임 모기지 사태
- 브렉시트
- 트럼프 재선

1817
데이비드 리카도
정치경제학과 과세의 원리

THE ECONOMICS IN CARTOONS

셋째 마당

DAVID RICARDO

데이비드 리카도

009 자유무역의 화신, 리카도
010 예나 지금이나 부동산이 문제야! 지대이론
011 자유무역, 비교우위의 덫에 빠지다

THE ECONOMICS IN CARTOONS

자유무역의 화신, 리카도

예나 지금이나 자유무역은 민감한 주제지. 잘난 나라나 못난 나라나 모두 자유롭게 무역하는 것이 어째서 좋은지 가르쳐주겠어.

009

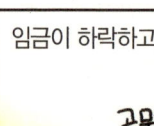

이렇게 각자 잘하는 것을 생산해서 교역하는 게 더 좋다고~

리카도의 '비교우위론'은 관세 없는 단일시장을 만든 유럽연합(EU)에 실제로 적용되는 건재함을 보여주었지만…

2000년대에 들어 발생한 금융위기를 보면, 이렇게 긴밀한 시장이 방파제 없는 해안처럼 위기를 더 키웠다는 지적도 받고 있죠.

뛰어난 언변과 투자감각, 날카로운 관점으로 하원의원까지 지내며 존경을 받은 리카도.

지대이론, 공급과잉에 대해 맬서스와 벌인 논쟁은 경제학 발전에 크게 이바지합니다.

그리고 죽으면서 맬서스에게 막대한 유산을 물려주었다는군요.

내 가족 이외에 그만큼 사랑한 사람은 리카도뿐.

유산 줘서 그런 거야? ㅋㅋ

THE ECONOMICS IN CARTOONS

예나 지금이나 부동산이 문제야! 지대이론

010

지주의 이익과 사회 전체의 이익이 일치하지 않는다고 본 나는 곡물 가격을 높게 유지하는 곡물법에 반대했지. 그 근거를 알아볼까?

THE ECONOMICS IN CARTOONS

자유무역, 비교우위의 덫에 빠지다

011

이제 비교우위가 어떻게 자유무역의 근거가 되는지는 다 알겠지?
그런데 실제로는 의외의 결과가 있을 수 있다는군.

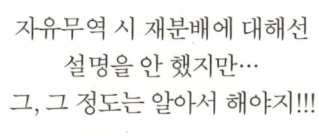
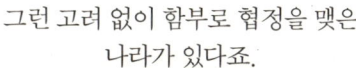

- 산업혁명
- 미국독립전쟁
- 프랑스혁명
- 아편전쟁
- 병인양요
- 청일전쟁
- 1차세계대전
- 볼셰비키혁명
- 세계대공황
- 2차세계대전
- 대한민국 독립
- 독일 통일
- 미국 서브프라임 모기지 사태
- 브렉시트
- 트럼프 재선

1867
카를 마르크스
자본론

THE ECONOMICS IN CARTOONS

넷째 마당

KARL MARX
카를 마르크스

- **012** 전 세계 노동자여, 단결하라! 마르크스
- **013** 노동자를 경제학의 중심에 세우다
- **014** 마르크스의 실험은 왜 실패했을까? 공산국가의 흥망성쇠

THE ECONOMICS IN CARTOONS

전 세계 노동자여, 단결하라!
마르크스

012

나의 명저 《자본론》을 금지도서로 삼던 나라가 있다고? 닭의 목을 비틀어도 새벽이 오듯이, 타락한 자본주의는 멸망하고 노동자의 세상이 오게 되어 있다니까.

THE ECONOMICS IN CARTOONS

노동자를
경제학의 중심에 세우다

부르주아? 프롤레타리아? 생소한 용어가 많지?
단어의 뜻부터 상세히 알아보자.

013

THE ECONOMICS IN CARTOONS

마르크스의 실험은 왜 실패했을까? 공산국가의 흥망성쇠

014

내 이론과 철학을 가져다가 나라를 세운 것이, 내 안중에는 없었던 러시아와 중국이었다네. 그런데 그들은 내 생각을 제대로 이해하지 못했나 봐.

- 산업혁명
- 미국독립전쟁
- 프랑스혁명
- 아편전쟁
- 병인양요
- 청일전쟁
- 1차세계대전
- 볼셰비키혁명
- 세계대공황
- 2차세계대전
- 대한민국 독립
- 독일 통일
- 미국 서브프라임 모기지 사태
- 브렉시트
- 트럼프 재선

1890
앨프리드 마셜
경제학 원론

THE ECONOMICS IN CARTOONS

다섯째 마당

ALFRED MARSHALL

앨프리드 마셜

015 마셜, 수요와 공급의 곡선을 만들다!
016 공짜로 줘도 남는 경제학, 프리코노믹스
017 가격탄력성과 쿠폰의 밀월관계

THE ECONOMICS IN CARTOONS

마셜, 수요와 공급의 곡선을 만들다!

015

"차가운 이성과 뜨거운 가슴." 내가 해서 유명해진 말이라네.
내가 어떻게 요즘 경제학의 기반을 마련했는지 듣고 싶나?

여기 있었네요.

죽어라 죽어!

콰광 쓔콰앙!

익호 씨, 도대체 게임을
몇 시간 동안 하는 거예요?!

어?

한 10시간 했나…
어? 정액제 시간 끝나가네.

10분 남았습니다.

으… 여기만 통과하면 다음 레벨인데.
1시간 더 연장할까, 말까….

으으   으으

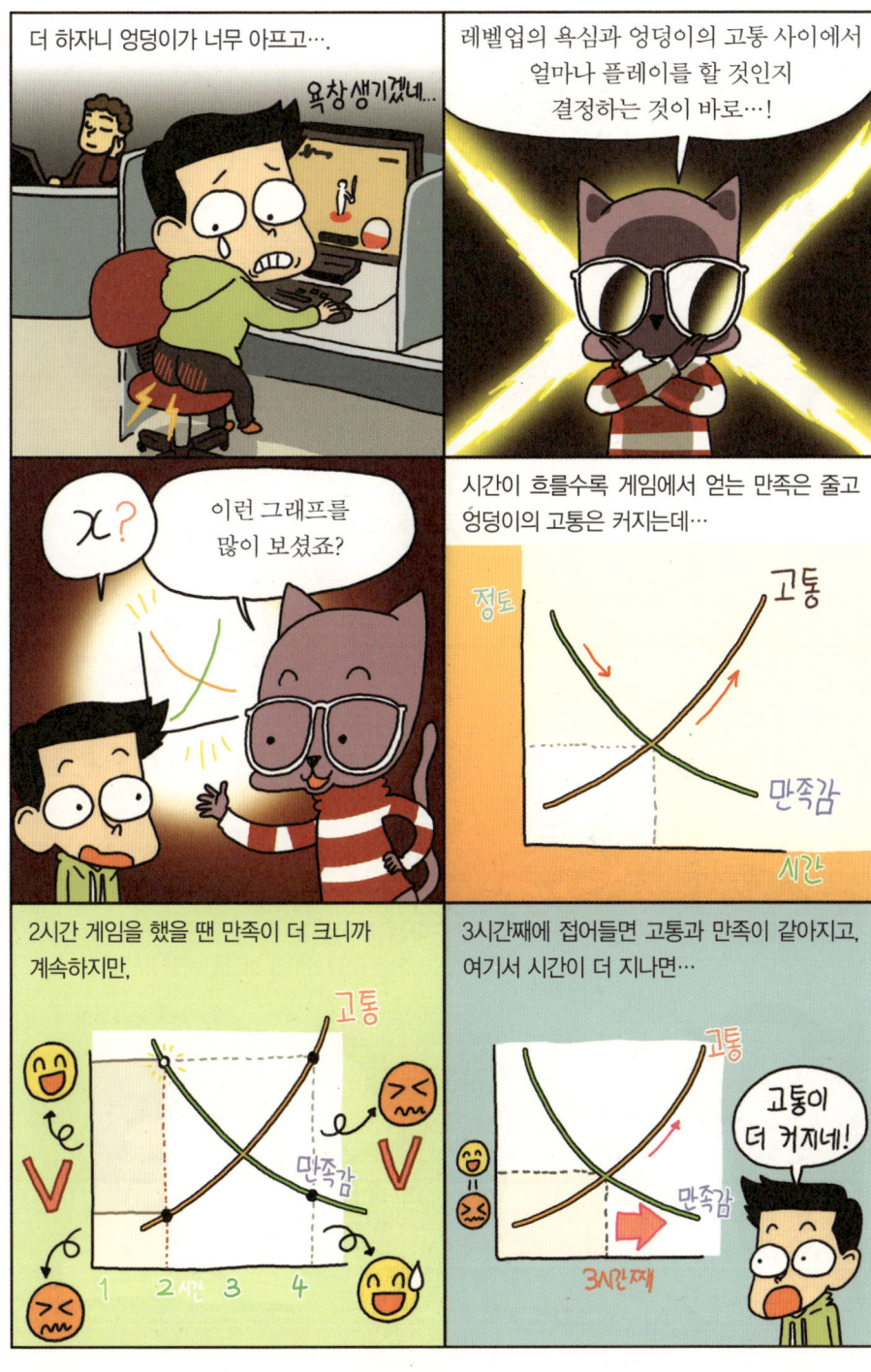

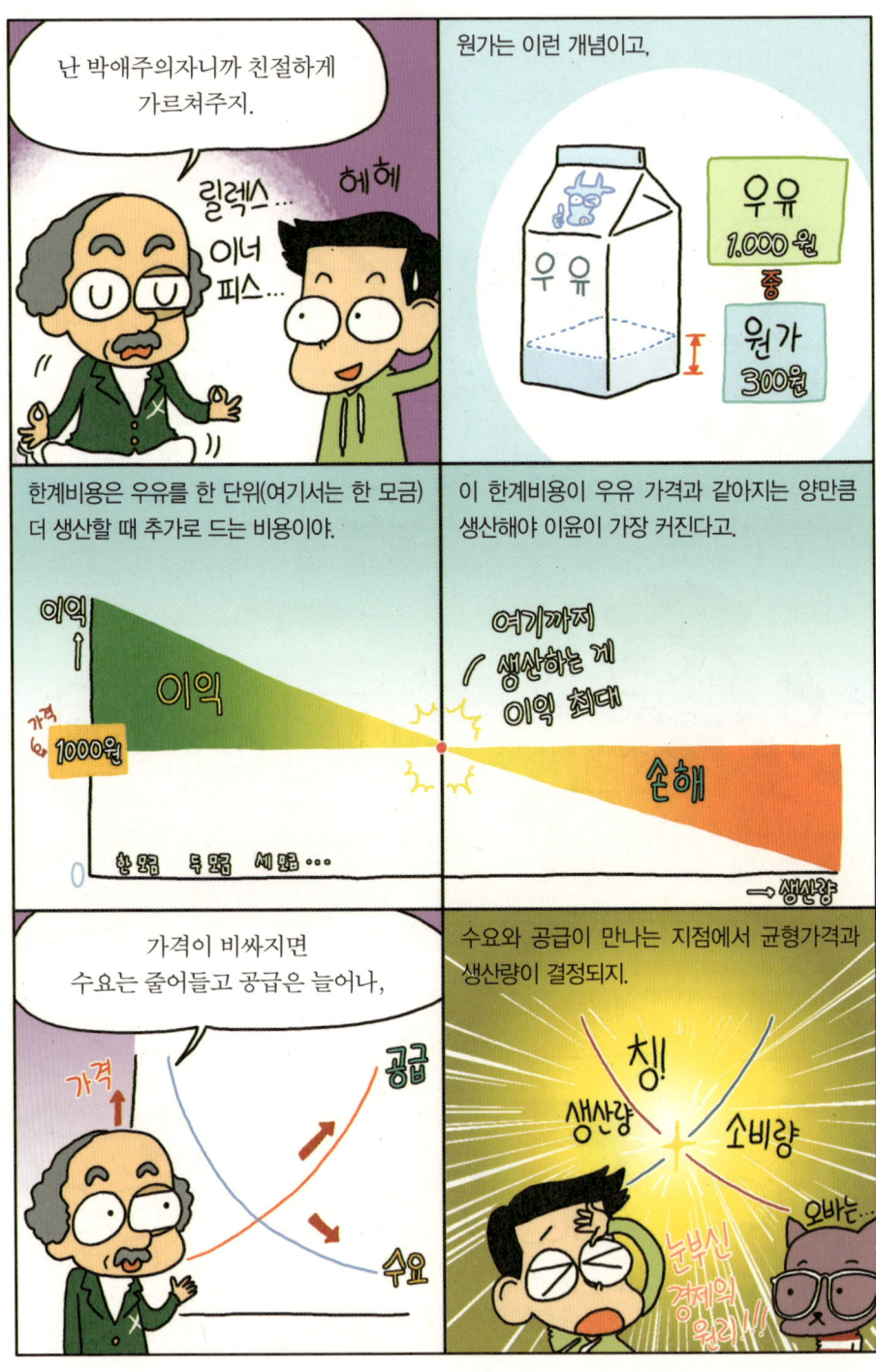

THE ECONOMICS IN CARTOONS

공짜로 줘도 남는 경제학, 프리코노믹스

016

한계비용이 극단적으로 저렴해지면 프린터, 면도날같이 공짜 마케팅 기법을 쓰는 비즈니스가 생겨난다네.

THE ECONOMICS IN CARTOONS

가격탄력성과 쿠폰의 밀월관계

017

쿠폰, 스탬프카드는 왜 있는 건지 궁금하지 않나?
다 기업의 이윤 극대화 전략이라네. 나의 탄력성 이론으로 설명할 수 있지.

- 산업혁명
- 미국독립전쟁
- 프랑스혁명
- 아편전쟁
- 병인양요
- 청일전쟁
- 1차세계대전
- 볼셰비키혁명
- 세계대공황
- 2차세계대전
- 대한민국 독립
- 독일 통일
- 미국 서브프라임 모기지 사태
- 브렉시트
- 트럼프 재선

1899
소스타인 베블런
유한계급론

THE ECONOMICS IN CARTOONS

여섯째 마당

THORSTEIN VEBLEN

소스타인 베블런

018 너무 앞서간 불운의 경제학자, 베블런
019 과시적 소비, 내 돈 내가 쓰는데 뭐가 문제?
020 대세에 편승하고픈 인간의 마음, 밴드왜건효과

THE ECONOMICS IN CARTOONS

너무 앞서간 불운의 경제학자, 베블런

018

"사치품은 비쌀수록 잘 팔린다?" 내가 이런 현상을 분석할 계기를 마련했지. 나는 주류 질서에 편입되지 못한 덕분에 새로운 시각을 가졌다네.

THE ECONOMICS IN CARTOONS

과시적 소비, 내 돈 내가 쓰는데 뭐가 문제?

모두들 본능에 충실하게 사치품을 팍팍 소비하면 어떤 문제가 생기는지 알아보자. 내친김에 후세 사람들이 내놓은 해결책도 좀 볼까?

019

THE ECONOMICS IN CARTOONS

대세에 편승하고픈
인간의 마음, 밴드왜건효과

고전경제학자들의 '합리적 인간' 가정에는 허점이 있어. 비합리적으로 보이는 소비행태를 설명하는 데는 베블런효과뿐만 아니라 다른 이론들도 있지.

020

- 산업혁명
- 미국독립전쟁
- 프랑스혁명
- 아편전쟁
- 병인양요
- 청일전쟁
- 1차세계대전
- 볼셰비키혁명
- 세계대공황
- 2차세계대전
- 대한민국 독립
- 독일 통일
- 미국 서브프라임 모기지 사태
- 브렉시트
- 트럼프 재선

1936
존 메이너드 케인스
고용, 이자, 화폐의 일반이론

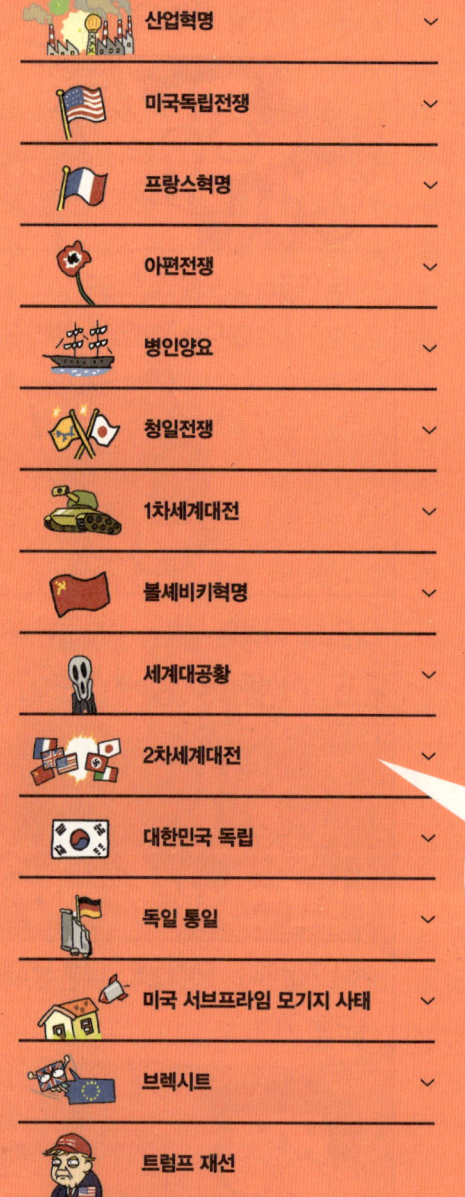

THE ECONOMICS IN CARTOONS

일곱째 마당

JOHN MAYNARD KEYNES
존 메이너드 케인스

021 대공황의 흑기사, 케인스
022 살 떨리는 호황과 불황의 반복, 경기변동!
023 정부가 나서야 하는 이유, 가격의 경직성

THE ECONOMICS IN CARTOONS

대공황의 흑기사,
케인스

021

전쟁과 대공황이 이어지는 경제상황…. 자본주의에 뭔가 결함이 있나?
고전경제학자들은 시장을 너무 믿었어. 고장난 경제를 어떻게 고친담?

★ 세이의 법칙: 경제학자 세이(Jean B. Say)가 말한 것으로, 공급이 수요를 창출한다는 법칙

THE ECONOMICS IN CARTOONS

살 떨리는 호황과
불황의 반복, 경기변동!

022

내가 현대적인 거시경제학의 창시자로 불린다며?
거시경제학의 주요 관심사 중 하나가 '경기변동'이라네.

191

THE ECONOMICS IN CARTOONS

정부가 나서야 하는 이유, 가격의 경직성

임금과 물건값이 고전경제학의 주장처럼 휙휙 변한다면 공황은 없겠지. 하지만 현실은 그렇지 않다네.

- 산업혁명
- 미국독립전쟁
- 프랑스혁명
- 아편전쟁
- 병인양요
- 청일전쟁
- 1차세계대전
- 볼셰비키혁명
- 세계대공황
- 2차세계대전
- 대한민국 독립
- 독일 통일
- 미국 서브프라임 모기지 사태
- 브렉시트
- 트럼프 재선

1962
밀턴 프리드먼
자본주의와 자유

THE ECONOMICS IN CARTOONS

여덟째 마당

MILTON FRIEDMAN

밀턴 프리드먼

024 정부개입은 이제 그만! 프리드먼
025 왜 물건값은 계속 오르기만 할까? 인플레이션
026 힘을 잃은 통화정책, 유동성 함정

THE ECONOMICS IN CARTOONS

정부개입은 이제 그만!
프리드먼

"시중에 돈을 풀어서 경기를 부양시킨다" 라는 말을 너도나도 하는데, 늘어난 돈이 평범한 사람에게 어떤 영향을 주는지 알아보자.

024

THE ECONOMICS IN CARTOONS

왜 물건값은 계속 오르기만 할까? 인플레이션

025

왜 물건값은 계속 오르기만 하고 떨어지진 않는 건지 궁금하지 않나?
통화주의의 수장인 내가 직접 설명해주지.

THE ECONOMICS IN CARTOONS

힘을 잃은 통화정책, 유동성 함정

통화정책의 중요성을 알았나? 하지만 통화정책이 무용지물이 되는 순간이 있지. 바로 유동성 함정이라네.

- 산업혁명
- 미국독립전쟁
- 프랑스혁명
- 아편전쟁
- 병인양요
- 청일전쟁
- 1차세계대전
- 볼셰비키혁명
- 세계대공황
- 2차세계대전
- 대한민국 독립
- 독일 통일
- 미국 서브프라임 모기지 사태
- 브렉시트
- 트럼프 재선

2014 토마 피케티
21세기 자본

THE ECONOMICS IN CARTOONS

아홉째 마당

THOMAS PIKETTY
토마 피케티

027 토마 피케티가 말하는 자본주의의 모순, r〉g
028 21세기에 계급이 대물림된다고?
029 자본주의의 모순, 세금으로 해결할 수 있다?! 부의 재분배

THE ECONOMICS IN CARTOONS

토마 피케티가 말하는 자본주의의 모순, r>g

027

나는 이 책에 등장하는 인물 중 유일하게 살아있는 경제학자지.
내 책 《21세기 자본》으로 '피케티 신드롬'을 일으킬 만큼 화제의 인물이라고.

★ 하나금융경영연구소 〈대한민국 부자보고서〉

THE ECONOMICS IN CARTOONS

21세기에 계급이 대물림된다고?

028

자본가 계급과 노동자 계급이 평등해질 수 있는 기회가 있었어.
그런데 무엇이 다시 불평등을 불러온 걸까?

THE ECONOMICS IN CARTOONS

자본주의의 모순, 세금으로 해결할 수 있다?! 부의 재분배

029

돈이 많은 사람은 점점 더 부자가 되고, 돈이 없는 사람은 아무리 일을 해도 뒤처지는 게 지금의 자본주의지. 이 불평등을 해결하려면 어떻게 해야 할까?

아니, 듣다 보니 화가 나네! 가진 자만을 위한 세상이라니!

정부는 서민을 위한 정책을 펴고 평등을 추구해야 하지 않나요?

선거 때마다 그렇게 서민을 위한다면서!

서민을 위한 정치

기호 N번

지금처럼 소극적인 정책만으로 자본주의의 모순을 해결할 순 없죠.

1980년대 신자유주의 기조로 인한 부자 감세, 금융자유화, 노동규제 완화는 아직도 유효한 데다

당장 서민을 위한 정책을 내놔!!!

옳지~ 잘한다~

정부

신자유주의

★ 발터 샤이델, 《불평등의 역사》

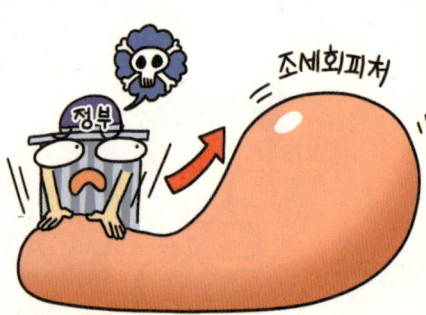

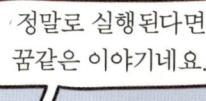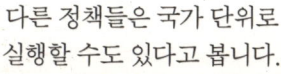

THE ECONOMICS IN CARTOONS

경제학자, 인류의 행복을 고민하는 사람들!

에필로그

지금까지 경제학의 역사를 이뤄온 경제학자들을 만나보았는데요.

용어 설명

《국부론(The Wealth of Nations, 國富論)》: 영국의 애덤 스미스가 1776년에 저술한 경제학 서적. 정식 명칭은 《국부의 성질과 원인에 관한 연구(An Inquiry into the Nature and Causes of the Wealth of Nations)》다. 애덤 스미스는 이 책에서 이윤추구를 목적으로 하는 개인의 '보이지 않는 손'이 작용해 나라의 부(富)를 증대한다는 이론에 근거해서 자유방임 경제를 주장했다. 애덤 스미스는 최초로 자본주의 사회를 체계적으로 파악했으며, 이 책은 고전경제학 이론의 대표적인 저서다.

《유한계급론(The Theory of the Leisure Class, 有閑階級論)》: 자본주의 사회에서 유한계급의 성격을 논한 소스타인 베블런의 저서. 야만사회에서는 약탈 능력이 뚜렷하게 드러나 대중에게 손쉽게 우월감을 나타낼 수 있는 반면, 발달한 자본주의 사회에서는 유한계급이 과시적 소비와 풍족한 여가를 과시함으로써 자신들의 약탈 능력을 드러낸다. 부유층의 소비행태에 관한 베블런의 지적은 오늘날까지 설득력을 잃지 않고 많이 인용되고 있다.

《인구론(An Essay on the Principle of Population, 人口論)》: 영국의 경제학자 맬서스가 1798년에 출간한 경제학 이론서. 인구와 사회의 물질적 조건 사이의 관계에 대해 서술했다. 맬서스는 이 책에서 인구의 자연증가는 기하급수적인 데 반해 생활에 필요한 물자는 산술급수적으로 증가하므로 인구과잉으로 인한 빈곤이 증대할 수밖에 없다고 주장했다. 하지만 산업혁명 이후 서구 자본주의 사회는 맬서스의 예측과 정반대의 모습을 보여주었다. 식량생산이나 인구 모두 기하급수적으로 증가했으며, 1인당 소득도 급속도로 늘어났다. 이는 기술발달과 의학발달에 힘입은 결과다. 결과적으로 맬서스의 이론을 바탕으로 삼은 고전경제학은 자본주의의 미래에 대해 무엇 하나 제대로 예측하지 못했다. 기술진보의 위력을 과소평가한 탓이다.

《자본론(Das Kapital, 資本論)》: 카를 마르크스가 집필한 정치경제학서. 원제는 《자본 : 정치경제학 비판》이다. 유물사관에 입각해 자본주의 사회의 경제구조를 노동력의 상품화에 중점을 두고 설명했다. 전체 3권으로, '자본의 생산과정'을 다룬 1권은 1867년에 출간되었다. '자본의 유통과정'을 다룬 2권과 '자본주의적 생산의 총과정'을 다룬 3권은 마르크스

사후에 프리드리히 엥겔스가 유고를 정리해 각각 1885년, 1894년에 출간했다. 흔히 《자본론》을 사회주의나 공산주의 서적으로 잘못 알고 있는 경우가 많은데, 실제로는 자본주의와 자본주의 사회를 분석하고 비판한 책이다.

《21세기 자본(Capital in the Twenty-First Century)》: 프랑스 경제학자 토마 피케티가 2013년에 발표한 세계적 베스트셀러로, 자본주의 사회에서 자산이 소득보다 빠르게 증가해 불평등이 심화된다는 것을 역사적 통계로 입증한 저작이다. 그는 자본수익률(r)이 경제성장률(g)보다 높게 유지되는 구조를 지적하며, 이 불균형이 지속될 경우 부의 세습과 사회적 양극화가 심화된다고 주장했다. 이를 해결하기 위한 대안으로는 고소득층과 부유층에 대한 누진적 자산세를 제안했다.

가격의 경직성(Rigidity of Price): 임금이나 이자율 등을 포함한 가격은 그 상품에 대한 시장의 수요와 공급에 따라 오르거나 내린다. 그런데 상품의 수요와 공급 상태로 보아 가격이 하락해야 함에도 어떠한 이유로 인해 하락하지 않는 경우가 있다. 이럴 때 그 가격에 경직성이 있다고 말한다.

계몽주의(啓蒙主義): 16~18세기 유럽 전역에서 일어난 혁신적 사상. 정치·사회·철학·과학 등에서 광범위하게 일어난 진보적·지적 사상운동이며, 계몽사상이라고도 부른다. 교회의 권위에 바탕을 둔 구시대의 정신적 권위와 사상적 특권과 제도에 반대해 인간적이고 합리적인 사유를 제창하고, 이성의 계몽을 통해 인간생활의 진보와 개선을 꾀하려 했다. 형이상학보다는 상식·경험·과학을, 권위주의보다는 개인의 자유를, 특권보다는 평등한 권리와 교육을 지향했다.

공공재(公共財): 어떤 경제주체에 의해서 생산이 이루어지면 구성원이 모두 소비혜택을 누릴 수 있는 재화 또는 서비스를 말한다. 그 성격으로 인해 공공재의 공급 주체는 국가나 지방자치단체 등 공공기관이나 공기업이 대부분이다.

용어 설명

금본위제(金本位制): 화폐의 가치를 금에 연동시키는 제도. 초기에는 실제 금화를 시장에 유통시키는 금화본위제였지만, 운반이 불편하고 위험해서 금 대신 지폐를 발행하는 금지금본위제로 발전했다. 대공황과 전쟁 등으로 금 보유량 이상으로 경제를 운용하기 어려워지면서 폐지되었다.

기회비용(機會費用): 하나의 재화를 선택했을 때, 그로 인해 포기한 다른 재화의 가치를 말한다. 예를 들면, 한 도시가 도시 소유의 빈 땅에 병원을 건축하기로 결정한다면, 그 기회비용은 그 땅과 건설자금을 이용해 행할 수 있었던 다른 사업을 의미한다. 병원을 건축함으로써 도시는 스포츠센터, 넓은 주차장 또는 채무를 탕감하기 위해 그 땅을 매각하는 것 등의 기회를 상실한다.

누진세(Progressive Tax, 累進稅): 과세 대상의 수량이나 값이 증가함에 따라 점점 높은 세율을 적용하는 세금. 소득세, 법인세, 상속세 따위가 누진세. 반대개념은 역진세(Regressive Tax). 누진세 개념은 다양한 경제학자, 정치학자들의 지지를 받았다. 애덤 스미스는 《국부론》에서 누진세를 언급하면서 교통체제에 누진세를 부과하자고 주장했다. 이후 카를 마르크스 또한 《공산당 선언》에서 누진세를 지지했다.

담합(談合): 짬짜미 혹은 카르텔(Kartell). 기업(사업자) 간에 상품 또는 용역의 가격이나 생산수량, 거래조건, 거래상대방, 판매지역 등을 서로 합의해 제한하는 것이다. 공동행위, 기업연합(企業聯合)이라고도 한다. 한국은 1980년에 제정한 '독점규제 및 공정거래에 관한 법률'로 통제하고 있다.

대공황(Great Depression, 大恐慌): 1929~1939년 무렵까지 미국과 유럽을 중심으로 전 세계에서 광범위하게 지속된 경기침체. 1929년 10월 24일(검은 목요일) 뉴욕 주식시장의 대폭락으로 촉발된 공황이 전 세계로 확산되었다.

독과점(獨寡占): 독점과 과점을 함께 이르는 말이다. 독점(Monopoly, 獨占)은 오직 하나의 사람이나 단체(기업 등)만이 상품이나 서비스를 제공하는 시장을 말한다. 이는 경쟁이 실종된 상태로, 독점 상태에서는 대체재를 구할 수 없다. 과점(寡占)은 몇몇 기업이 어떤 상품 시장의 대부분을 지배하는 상태다.

디플레이션(Deflation): 통화수축. 한 국가의 경제에서 재화와 용역의 일반적이고 지속적인 물가하락을 의미한다. 디플레이션은 보통 인플레이션의 반대개념으로 사용된다.

배출권 거래제도: 온실가스 감축 의무가 있는 국가에 배출허용량을 부여한 후 국가 간 배출허용량의 거래를 허용하는 제도. 교토의정서 제17조에 규정되어 있다. 지구 전체에서 배출되는 오염물질의 총량을 정한 다음 국가마다 일정한 양의 오염물질을 배출할 수 있는 권한을 주고 이 한도를 넘는 경우 정해진 양을 다 사용하지 못하는 국가로부터 배출권을 구매하도록 한 제도다. 이때 가격과 거래량은 배출권의 수요와 공급에 의해 결정된다. 배출권 거래제도가 적용되는 대상 국가는 캐나다, 일본, 유럽, 러시아 등 38개 선진국이다.

밴드왜건효과(Bandwagon Effect): 어떤 재화에 대해 사람들의 수요가 많아지면 다른 사람들도 그 경향에 따라서 그 재화의 수요를 더 증가시키는 효과를 말한다. 밴드왜건은 대열의 앞에서 행렬을 선도하는 악대차인데, 밴드왜건이 연주하면서 지나가면 사람들이 궁금증 때문에 모여들기 시작하고, 몰려가는 사람들을 보고 더 많은 사람들이 뭔가 있다고 생각해 무작정 뒤따르면서 군중이 점점 더 불어난다. 즉 남들이 하니까 나도 한다는 식의 의사결정을 의미한다.

베블런효과(Veblen Effect): 가격이 오르는데도 일부 계층의 과시욕이나 허영심 등으로 인해 수요가 줄어들지 않는 현상. 미국의 사회학자 베블런이 1899년 출간한 《유한계급론》에서 "상층계급의 두드러진 소비는 사회적 지위를 과시하기 위해 자각 없이 행해진다"라고 말한 데서 유래했다.

보호무역(保護貿易): 자기 나라의 산업을 보호·육성하기 위해 국가가 대외무역을 간섭하

263

용어 설명

고 수입에 여러 가지 제한을 두는 무역을 말한다. 재화, 용역 등 수입상품에 관세, 특별소비세 같은 세금을 부과해 가격을 올리거나, 수입량을 제한하는 수입할당제, 또는 특정 품목의 수입을 제한하는 비관세장벽 등의 정책을 실시한다. 19세기에 독일, 미국 등지에서 자기 나라의 산업을 보호하기 위해 보호무역을 채택했다.

볼셰비키(Bolsheviki): '다수파'라는 뜻으로, 1903년 제2회 러시아 사회민주노동당 대회에서 레닌을 지지한 급진파를 이르는 말이다. 소수파인 멘셰비키와 대립했다. 1917년 10월혁명을 지도해 정권을 장악한 뒤 1918년에는 당명을 '러시아 공산당'으로 바꾸었으며, 1952년에는 다시 '소비에트연방 공산당'으로 바꾸었다. 1990년 소련 해체와 함께 해산되었다.

봉건제도(封建制度): 중세 유럽에서 영주가 가신(家臣)에게 봉토를 주고 그 대신 군역의 의무를 부과하는 주종관계를 기본으로 하는 통치제도. 왕, 귀족, 가신, 교회 따위의 영주와 그 지배하에 있는 농노가 기본계급이다.

부르주아(Bourgeois, 有産者): 자본주의 사회에서 자본가 계급에 속하는 사람. 프롤레타리아에 상대되는 말이다. 구체적으로, 16세기 지리상의 발견이나 해상무역 확대로 인해 경제적 실권을 쥐게 된 상인이나 지주 계층을 의미하는 것에서 비롯되었다.

비교우위(比較優位): 국제무역에서 한 나라의 어떤 재화가 비록 상대국의 것에 비해 절대우위에서 뒤처지더라도 생산의 기회비용을 고려하면 상대적인 우위를 지닐 수 있다는 개념으로, 고전경제학자인 데이비드 리카도가 정립했다.

사이먼 쿠즈네츠(Simon Kuznets): 20세기 미국의 경제학자이자 통계학자로, 국민소득과 경제성장 측정의 기초를 다진 인물이다. 국내총생산(GDP) 개념을 정립하고 실측하는 방법을 체계화했으며, 이를 바탕으로 한 연구로 1971년 노벨 경제학상을 수상했다. 쿠즈네츠는 경제성장과 소득분배의 관계를 분석하며, 일정 수준까지는 성장과 함께 불평등이 심화되지만 이후에는 완화된다는 '쿠즈네츠 곡선(Kuznets Curve)'을 제시했다. 밀턴 프리드먼의

박사과정 지도교수이기도 하며, 계량경제학과 실증분석 전통의 토대를 마련했다.

산업혁명(Industrial Revolution, 産業革命): 18세기 후반부터 약 100년 동안 유럽에서 일어난 생산기술과 그에 따른 사회조직의 큰 변화를 말한다. 영국에서 시작된 방적기계 개량이 발단이 되어 1760~1840년 유럽 여러 나라에서 계속 변화가 일어났다. 수공업적 작업장이 기계설비에 의한 큰 공장으로 전환되었으며, 이로 인해 자본주의 경제가 확립되었다. 이후 산업혁명은 전 세계로 확산되어 세계를 크게 바꾸어놓았다. 산업혁명이라는 용어는 아놀드 토인비가 《18세기 영국의 산업혁명 강의(Lectures on the Industrial Revolution of the Eighteenth Century in England)》에서 처음으로 사용했다.

서브프라임모기지(Subprime Mortgage): 신용등급이 낮은 저소득층을 대상으로 주택자금을 빌려주는 미국의 주택담보대출 상품. 우리말로 비우량주택담보대출.

세테리스 파리부스(Ceteris Paribus): 경제학은 전제조건으로 '세테리스 파리부스'를 내건다. 이는 '모든 조건이 동일하다면'이라는 뜻의 라틴어다. 경제 현상에 영향을 미치는 변수는 너무나 많다. 예를 들어 수요나 공급의 변화는 단순히 가격뿐만 아니라 시간, 날씨, 국제정세, 원윳값이 어떻게 변하는지에 따라 달라진다. 그러나 이 변수들을 일일이 고려한다면 경제학은 어떤 예측도 할 수 없게 된다. 때문에 경제학은 꼭 필요한 변수 이외에 나머지 변수는 없는 것으로, 즉 다른 상황은 변하지 않는 것으로 가정하고 많은 이론들을 세워나간다.

속물효과(Snob Effect): 특정 상품에 대한 소비가 증가하면 그에 대한 수요가 줄어드는 소비현상을 말한다. 밴드왜건효과와 반대. 다수의 소비자가 구매하는 제품을 오히려 꺼리거나, 남들이 구입하기 어려운 값비싼 상품을 보면 오히려 사고 싶어 하는 속물근성에서 유래한다. 자신은 남과 다르다는 생각을 갖는 것이 마치 백로 같다고 해서 백로효과(白鷺效果)라고도 하고 영어 그대로 스놉효과라고도 부른다. 스놉(snob)의 뜻은 '고상한 체하는 사람', '속물'이다.

용어 설명

스태그플레이션(Stagflation): 경기는 침체(Stagnation)됐는데 물가는 계속 오르는(Inflation) 현상을 말한다. 원인은 물가가 만성적으로 오르거나, 정부 지출 확대, 임금 인상 등이 있다. 예전에는 경기 침체 땐 물가도 떨어졌지만, 지금은 둘이 함께 나타날 수 있다.

승수효과(Multiplier Effect, 乘數效果): 승수이론에서 나온 용어다. 어떤 경제 변량이 다른 경제 변량의 변화에 따라 바뀔 때 그 변화가 한 번에 끝나지 않고 연달아 변화를 불러일으켜서 마지막에는 최초 변량의 몇 배에 이르는 경우가 있는데, 이러한 변화의 파급 관계를 분석하고 최초 경제 변량의 변화에 따라 최종적으로 빚어낸 총효과의 크기가 어떻게 결정되는지를 규명하는 것이 승수이론이다.

시카고학파(Chicago School): 시카고대학을 중심으로 생겨난 학파를 말한다. 시카고학파는 자유시장의 가격 기능을 중시하고, 정부개입보다 민간의 자유로운 경제활동을 지지한다. 자유로운 시장경제 내에서 합리적으로 자원이 분배되고 경제가 발전할 수 있다고 주장한다. 또한 통화공급량이 생산·고용·가격을 결정하는 요인이라고 본다. 주요 학자는 밀턴 프리드먼, 제이콥 바이너, 헨리 사이먼스, 프리드리히 하이에크, 프랭크 나이트, 조지 스티글러 등이다.

신자유주의(Neoliberalism, 新自由主義): 20세기 이후 다시 정부의 시장개입을 지양하고 자유로운 경쟁체제를 강화하려는 사상. 밀턴 프리드먼, 프리드리히 하이에크 등의 경제학자들은 케인스가 주장한 수정자본주의의 비효율적인 정부개입을 최소화하고 애덤 스미스 시절의 자유주의로 돌아가야 한다고 주장했다.

양적완화(Quantitative Easing, 量的緩和): 중앙은행의 금리인하를 통한 경기부양 효과가 한계에 봉착했을 때 국채 매입 등을 통해 유동성을 시중에 직접 푸는 정책을 말한다. 정책금리가 0%에 근접하거나, 혹은 다른 이유로 시장경제의 흐름을 정책금리로 제어할 수 없는 이른바 유동성 저하 상황에서 유동성을 충분히 공급함으로써 중앙은행의 거래량을 확대하는 정책이다. 중앙은행은 채권이나 다른 자산을 사들임으로써 이율을 더 낮추지 않고도 돈의 흐름을 확대한다.

외부효과: 경제학에서 어떤 경제활동과 관련해 다른 사람에게 의도치 않은 혜택이나 손해를 발생시켰으면서도 이에 대한 대가나 비용을 치르지 않는 상태를 일컫는 말이다. 당사자가 아닌 다른 사람에게 혜택을 가져다주는 경우는 외부경제(긍정적 외부효과), 손실을 가져다주는 경우는 외부불경제(부정적 외부효과)로 구분한다.

유동성 함정(Liquidity Trap): 금리를 인하하거나 재정지출을 확대해 유동성을 공급하는 정책을 취해도 경기가 부양되지 않는 상태를 말한다. 1930년대 대공황 때 아무리 돈을 풀어도 경기가 살아나지 않은 것을 두고, 통화정책이 함정에 빠진 것 같다는 의미로 영국의 경제학자 케인스가 처음 사용한 말이다.

유물론(唯物論): 만물의 근원을 물질로 보고, 모든 정신현상도 물질의 작용이나 그 산물이라고 주장하는 이론이다. 관념론(觀念論)에 상대되는 말. 유물론에는 기계적 유물론, 역사적 유물론(또는 변증법적 유물론) 등이 있다. 카를 마르크스는 변증법적 유물론을 이용한 유물사관(唯物史觀)으로 역사를 해석했다.

유한계급(Leisured Classes, 有閑階級): 생산활동에 종사하지 않으면서 소유한 재산으로 소비만 하는 계층. 베블런이 《유한계급론》에서 처음 사용했다. 전근대적 사회에서도 자유민·귀족·승려 등이 고된 노동을 하지 않으면서 여가를 누리는 생활을 했으나, 엄밀한 의미에서 유한계급은 근대에 들어와 산업자본주의에서 금융자본주의로 이행하는 단계에서 발생했다고 할 수 있다. 이자생활자와 자본가 계급 등이 육체적 노동, 생산노동에 관여하지 않으면서 소유한 재력으로 유한생활을 하고 있다.

자유무역협정(FTA: Free Trade Agreement, 自由貿易協定): 둘 또는 그 이상의 나라가 상호간에 수출입관세와 시장점유율 제한 등의 무역장벽을 제거하기로 약정하는 조약이다. 그렇게 함으로써 좀 더 자유로운 상품거래와 교류가 가능하다는 장점이 있으나 자

용어 설명

국의 취약한 산업이 붕괴될 우려, 많은 자본을 보유한 국가가 상대 나라의 문화까지 좌지우지하는 등 논란이 되는 부분도 많다. 상호간에 관세는 폐지하지만 협정국 외 다른 나라에 대한 관세를 동일하게 설정할 필요가 없다는 것이 관세동맹과 다른 점이다.

제로금리(Zero Interest Rate): 단기금리를 사실상 0%에 가깝게 만드는 정책. 이러한 초저금리는 고비용 구조를 해소하고 국가 경쟁력을 높이며 소비를 촉진해 경기침체 가능성을 줄여준다는 이점이 있다. 반면 노년층 등 이자소득자들의 장래가 불안해짐에 따라 중장년층을 중심으로 소비가 위축될 수 있고 부동산 투기, 주택가격 폭등 등 자산거품이 우려되며, 근로의욕을 떨어뜨릴 수 있다.

조세회피처(Tax Haven): 세금 부담이 거의 없거나 외국인에 대해 매우 낮은 세율을 적용하는 국가나 지역을 말한다. 기업이나 개인이 과세를 피하거나 자산을 은닉하기 위해 이용하며, 대표적으로 케이맨제도, 버진아일랜드, 룩셈부르크 등이 있다. 국제적 조세회피와 불평등 심화의 주요 원인 중 하나로 지적된다.

종두법(種痘法): 천연두를 예방하기 위해 백신을 인체의 피부에 접종하는 방법. 종두에는 인두법과 에드워드 제너의 인공면역법(또는 종두접종법)에서 기원하는 우두법(또는 우두접종법)이 있다. 흔히 종두는 1796년에 에드워드 제너가 발견한 우두 바이러스를 이용한 인공면역법을 가리킨다.

중상주의(Mercantilism, 重商主義): 16세기 말부터 18세기에 걸쳐 유럽에서 지배적이었던 경제이론과 경제정책. 당시 각 국가는 나라의 부(富)를 늘리려고 상업을 중히 여기고, 보호무역주의 입장에서 수출산업을 육성해 무역차액으로 자본을 축적하려고 했다. 귀금속이야말로 부의 본원적 형태라고 보았으며, 귀금속을 획득하기 위해 외국과 무역을 중시했다.

지급준비율(Cash Reserve Ratio, 支給準備率): 지급준비제도는 은행으로 하여금 예금이나 당좌 계좌의 일정액을 현금으로 보관하거나 중앙은행에 예치하도록 하는 제도인데,

이 제도에 따라 예치하는 비율을 지급준비율이라고 한다. 즉 각 금융기관이 언제든지 예금자의 지급요구에 응할 수 있도록 예금총액의 일정비율을 보유하는 것을 말한다.

케인스혁명: 경제학자 케인스가 완성한 고전경제학 이론의 혁명적 전환을 이르는 말. 불완전고용의 균형 문제를 투자와 저축의 소득결정 이론으로 새롭게 설명함으로써 유효수요의 원리에 기초한 수정자본주의 이론의 시초가 되었다.

탄력성(Elasticity, 彈力性): 원인 변수의 값이 1% 변할 때 그 영향을 받는 변수가 몇 퍼센트나 변하는지를 나타내는 척도. 예를 들어 가격변동에 따른 수요량의 변화를 수요의 가격탄력성, 공급량의 변화를 공급의 가격탄력성이라고 부른다. 또한 국민소득이 1% 변동할 때 고용량의 변화를 고용의 소득탄력성, 수입량의 변화를 수입의 소득탄력성이라고 말한다. 탄력성은 마이너스 수치를 나타낼 수도 있는데, 일반적으로 절대치가 클수록 시장의 기능이 활발하다고 할 수 있다. 또한 수요의 가격탄력성에서 탄력성이 크면 사치재, 작으면 필수재로 분류하기도 한다.

통화량(Money Supply, 通貨量): 나라 안에서 실제로 쓰고 있는 돈의 양으로, 금융기관 이외의 민간 부문이 보유하는 현금통화, 예금통화의 총칭이다. '통화공급량'이라고도 한다. 여기서 현금통화는 민간이 지급수단으로 보유하는 화폐를 말하며, 이는 중앙은행이 발행한 화폐발행액에서 중앙은행을 제외한 기타 금융기관이 보유하는 시재금(時在金)을 공제한 잔액이다. 또 예금통화는 당좌예금, 보통예금 같은 요구불예금에서 미청산 타점 수표액을 공제한 것이다.

프롤레타리아(Proletariat, 無産者): 자본주의 사회에서 노동력 이외에는 생산수단을 가지지 못한 노동자. 산업혁명으로 근대적 공장제도가 성립하고 예전에 농민, 소작인이었던 사람들이 토지를 상실하고 임금노동자가 됨으로써 급속히 프롤레타리아 계층이 확대되었다.

프리코노믹스(Freeconomics): '무료 경제'라는 뜻으로, 《롱테일 경제학》의 저자인 크리

용어 설명

스 앤더슨이 2007년 11월 〈이코노미스트〉에서 처음 선보였다. 디지털 시대에는 상품이나 서비스의 생산비용이 거의 0에 가까워지기 때문에 무료로 제공할 수 있다는 개념이다. 대표적인 예로는 무료 앱, 무료 콘텐츠처럼 일단 공짜로 주고 이후 수익을 창출하는 방식이 있다.

하이퍼인플레이션(Hyperinflation): 단기간에 발생하는 심한 물가상승 현상. 전쟁이나 대재해 후에 생산이 수요를 따라가지 못해 생긴다. 또 정부나 중앙은행이 통화량을 과도하게 증대하거나 생산량이 소비량을 따라가지 못할 경우 하이퍼인플레이션이 나타날 수 있다. 하이퍼인플레이션이 발생하면 물가상승으로 인해 거래비용을 급격하게 증가시켜 실물경제에 큰 타격이 온다.

한계효용(Marginal Utility, 限界效用): 일정한 종류의 재화가 잇따라 소비될 때 최후 한 단위의 재화로부터 얻어지는 심리적 만족도를 말한다. 욕망의 정도에 정비례하고 재화의 존재량에 반비례한다. '한계효용체감의 법칙'은 어떤 사람이 동일한 재화나 서비스를 소비함에 따라 느끼는 주관적인 만족도(혹은 필요도)가 점차 감소한다는 법칙이다. 예를 들어 갈증이 있는 사람이 물을 마실 때 첫 모금에서 느끼는 만족, 즉 효용이 가장 크며, 계속 물을 마실수록 효용이 점차 감소하게 된다.

환경경제학(Environmental Economics, 環境經濟學): 경제활동과 환경의 관계를 연구 대상으로 하는 경제학. 환경경제학은 전세계 자연, 지역 환경정책의 경제적 효과에 대한 이론과 실험적인 연구를 중심으로 한다. 환경경제학이 주로 다루는 문제는 대기오염, 수질, 독성물질, 고체폐기물, 지구온난화 등이며, 대체환경정책의 비용과 이점을 포함한다.

누구나 이해할 수 있는 경제책을 고민했습니다

20여 년 전 고등학교 정치경제 교과서에 나온 애덤 스미스 초상화에 낙서를 한 것이 경제학에 가장 가까이 간 행동이었는데, 지금은 전작 《만화 경제 상식사전》에 이어 경제학 만화, 행동경제학 만화까지 계속해서 경제학에 대한 만화를 그리고 있습니다.

경제 상식의 뿌리에는 경제학이 있기 때문에 여러 고민을 거쳐 《만화 경제 상식사전》의 후속은 당연히 '경제학'에 대한 내용이 되었습니다. 애덤 스미스부터 현재까지 수많은 경제학자가 현상을 연구하고 정의해 이론으로 발표하고 또 서로 반박하며 발전한 경제학의 내용을 경제학자별로 생애와 당시 시대 상황을 버무려 이야기하듯 풀어보았습니다.

경제에 관한 만화로는 두 번째 책이고, 원고를 작성해주고 감수도 해주는 공저자가 있어 훨씬 수월할 것으로 생각했지만, 역시나 세상에 쉬운 일은 없더군요. 수많은 시행착오를 거쳐 책을 완성하고 이번 개정판에서도 시의에 맞는 내용을 담기 위해 많은 수정작업을 거쳤습니다.

만화가 본인이 여러모로 무지하다 보니, 역설적으로 어렵고 모호한 경제학 개념과 이론들을 '만화가 본인도 이해할 만큼 쉽고 재미있으면서도 깔끔하게' 정리해서 한 권으로 담아낼 수 있었습니다.

경제학과 담을 쌓은 분이나 학생들에겐 경제학에 대한 흥미의 시발점이 되고, 어느 정도 관심과 상식이 있는 분들에겐 경제학자별로 정리된 경제학 역사를 체계적으로 담아두는 데 도움이 되는 책이 되었으면 합니다.

책이 완성되기까지 많이 도와주신 길벗 경제경영 편집부와 언제나 응원해주는 가족에게 진심으로 감사드립니다.

조립식

역시 세상에 공짜 점심은 없었다

"경제 만화 속편 만들 건데 좀 도와줄래?"

언뜻 듣기에 아주 무해한 말입니다. 대학에서 경제학을 전공한 저 같은 사람에게는 심지어 아주 자연스러워 보이기까지 합니다. 그렇게 길어질 작업이 생각보다 쉽게 시작되었습니다.

알기 쉽게 경제 상식을 알려주는 《만화 경제 상식사전》의 속편이라면 당연히 《만화 경제 상식사전 2》가 될 것이라고들 생각합니다. 하지만 오랜 논의 끝에 저와 편집부는 쉬운 길을 택하지 않기로 했습니다. 전편을 뛰어넘는 속편을 만들겠다는 포부를 안고, 환상적인 속편이 되려면 어떻게 해야 할지 고민했습니다.

생활 속 경제 상식을 정복한 사람이 다음으로 자연스럽게 갖게 되는 욕심은 무엇일까요? 수많은 경제 상식의 근본을 이루는 원리, 경제가 돌아가는 원리에 대한 궁금증이겠지요. 마치 가볍게 취미로 시작한 악기연주도 파고들다 보면 음악이론과 연주기법을 더욱 깊이 알고 싶어지는 것처럼요. 이런 이상적인 독자를 마음에 두고, 중요한 경제학자들의 생애와 사상을 중심으로 경제학의 원리와 역사를 쉽고 재미있게 만화로 다루어보자는 쪽으로 방향을 잡았습니다.

경제학이라는 선뜻 다가가기 어려운 분야를 이해하기 쉽게 만화로 만든

다…. 충분히 진취적이고 도전적인 목표입니다. 문제는 실행이었습니다. 방향은 잘 잡았으나 실제로 원고를 만들어내는 작업은 쉽지 않았습니다. 어쩌면 저는 '세상에 공짜 점심은 없다'라는 경제학의 교훈을 잊고 작업을 시작했는지도 모릅니다.

원고의 난이도 설정이 큰 걱정이었습니다. 너무 쉽게만 설명하면 실속이 없고, 경제학의 본질을 파고들어 모든 것을 온전히 설명하려 들면 만화이면서도 이해하기 어려운 이상한 결과물이 나왔습니다. 작업 내내 둘 사이에서 아슬아슬하게 줄타기를 하는 기분이었습니다. 너무 쉽지도 어렵지도 않은 골디락스 난이도를 찾기 위해 끝없이 원고를 수정했습니다.

그래도 만화라는 매체를 아주 좋아하는 저에게 만화책을 만드는 것은 즐거운 일이었습니다. 여러 책과 자료들을 보고 내용을 엮어서 어려운 경제학 이야기가 재미있는 만화로 변하는 과정을 지켜보는 것은 흥미로운 경험이었습니다.

매체의 한계, 작가 역량의 한계, 지면의 한계 같은 여러 제약이 있었지만 최선을 다했습니다. 여러모로 부족한 책이지만, 이 책을 읽는 누군가가 경제학에 흥미를 갖고 더 깊은 공부로 이어지는 계기가 되기를 바랍니다.

조윤형

경제가 이렇게 재미있다니!
50만 독자가 선택한 경제입문서!

《만화 경제 상식사전》

글·그림 조윤혜/원작 김민구/324쪽/18,000원

기초 상식부터 금융, 환율, 세계 경제까지
이제 만화로 쉽고 재미있게 공부한다!